新装版

授業がうまい教師の すごい コミュニケーション術

菊池省三

JN194249

学陽書房

新装版　はじめに

　本書は、教師にとって必要なコミュニケーション術を紹介しています。取りあげた内容は、誰にでもすぐできて、大きな効果が期待できるものばかりです。

　私はこの10年間、毎年200以上の学校を訪問し、教室を参観したり飛込授業をしたりしてきました。全国さまざまな教室を見て回る中で、このような教師の声をよく耳にします。

- 子どもたちがざわついて話を聞いてくれない。
- 子どもたちが何度指示を出しても動いてくれない。
- 子どもたちが説明をしても理解してくれない。
- 子ども同士の対話や話し合いが成立しない。

　このような声はコロナ禍後にますます聞かれるようになりました。スマートフォンが当たり前になってきた今では、生身の人間と「聞く」「話す」といった経験が少ない子どもが増えているという事情もあるのかもしれません。
　もしかしたらみなさんも、自分のコミュニケーション力に自信を持てず、どうすれば子どもに言葉が届くのか悩んでいるのではないでしょうか。

　こうした悩みを解消するのが本書です。授業における子どもとのコミュニケーションを中心として、「話し方」「聞き方」のポイントを具体的に示しています。
　例えば子どもが集中しないとき、次の3つを試してみるだけで、教師の話に耳を傾ける子が格段に増えます。

- クイズのように、子どもへの問いかけを入れる
- 黒板の前に立ちっぱなしではなく、動きを入れて話す
- 手に物を持ち、「今からこれについて話します。よく見ていてね」と伝える

　このように、**本書で紹介するコミュニケーション術によって、子どもたちのやる気を引き出し、自然と教室の空気を変えることができます。**

　当たり前のことですが、教師の学校内におけるほぼすべての指導は、子どもたちとのコミュニケーションで成り立っています。

　このことを考えると、教師のコミュニケーション力の有無が、毎日の授業や指導のレベルを左右すると言ってもいいでしょう。

　しかし、先にも述べたように、そのコミュニケーション力に「自信を持っている」と、答えられる教師は決して多いとは言えないのではないでしょうか。

　大学を卒業するまでの学校教育の中で、コミュニケーションについて学ぶ機会は、残念ながらほとんどなかったと思います。

　そのような中、私の33年間の教室での実践を軸に、教師のコミュニケーション術について紹介した書籍を2012年に発刊したところ、多くの読者の皆様に手に取っていただき、これまでに2万部を超えるベストセラーとなりました。本書は、その書籍に一部加筆修正を加えた新装版です。

　この一冊で、日々子どもたちと向かい合う教師が、身につけておくべきコミュニケーションの基本を学べるのではないかと思います。

　ぜひ一読していただき、実際にそれぞれの効果を試してみて下さい。

　本書が多くの教師のコミュニケーション力向上に少しでも役立つこととなれば幸いです。

菊池　省三

序章

教師の
コミュニケーション力
が教室を変える

 教師のコミュニケーション力が問われている

　今、教育現場で教師のコミュニケーション力が問われています。教師のコミュニケーション力の低下が問題になっているのです。

　コミュニケーションに無自覚な教師が、最近になって増えてきたと言われ始めているからです。

　私は、次のような教師の「事実」を目にすることがよくあります。

❶言葉が子どもに伝わっていない状態で授業を進めている

　例えば、子どもと目線を合わさず下を向いたままボソボソとした声で話をし、子どもの理解を促さないダラダラとした指示や説明が中心の授業を特に気にすることなく進めている「事実」です。

❷言葉が子どもの安心や自信を育てることにつながっていない

　例えば、子どもの気持ちを無視した高圧的で一方通行的な指導を行い、子どもが成長を実感できる言葉かけが見られない冷たい学級経営に陥っているにもかかわらず、それへの反省がない「事実」です。

　このような学級の子どもたちは楽しいのでしょうか？

　授業がよく分かり、友達とも仲よく生活できているのでしょうか？

　充実感を得ることができない毎日を、教室の中でじっと我慢して過ごしているのではないでしょうか？

　私は、授業や学級づくりが失敗する大きな原因の１つに、教師のコミュニケーション力不足があると考えています。

　それによって、授業が成立しなかったり、子どもたちが楽しい学校生活を送れない状態になったりするからです。

 ## どんなコミュニケーション力が不足しているのか？

　このような授業や学級経営を行ってしまう教師には、どのようなコミュニケーション力が不足しているのでしょうか。

　私が思うことを、いくつか具体的に挙げてみます。

❶子どもに伝えようという強い気持ち

　例えば、話し始めの３つのポイント「明るく元気に」「一呼吸の間をおいて」「一番後ろにも聞こえる声で」が、話す言葉や姿から伝わりません。ですから、授業の第一声から、声、目線が子どもに届いていないのです。体も子どもから逃げてしまっているのです。

❷子どもが聞きたくなるような話題を選ぶ力

　例えば、よい話の３つのポイント「分かりやすい」「ためになる」「ユーモアがある」を理解した上で、話す内容を考えていません。ですから、理解しにくい内容、楽しくない内容になってしまいます。自分本位な「子ども不在」の内容になってしまっているのです。

❸子どもに分かりやすく伝える技術

　例えば、伝わる話し方の条件である「短文を積み重ねる話し方」「前置きのない『結論＋理由』の構成」「ナンバリング・ラベリングの技法」といった技術を使いこなせていません。ですから、子どもたちにとって分かりにくい話になってしまうのです。

❹子どもを育てる質問力

　例えば、質問の持つ力である「相手を動かす力」「相手の考え方を変える力」「相手とつながる力」といったものを意識した上で活用していません。ですから、漠然と子どもたちに問いかける形になり、子

どもを育てることにつながっていないのです。

❺子どもの学習意欲や学習態度を育てる言葉かけ

　例えば、授業中における「学習意欲を高める言葉かけ」「言語活動を鍛える言葉かけ」「学習活動を成功させる言葉かけ」といったものが決定的に不足しています。ですから、授業が活性化されず、子どもたちの学びが深まらないのです。

　まだまだ気になる点はたくさんあります。教師の仕事の大半は、「話す」「聞く」というコミュニケーションですから当然かもしれません。

3 同僚・保護者との コミュニケーション不足の危険性

　教師のコミュニケーション力不足の問題は、教室の子どもへの指導場面だけではありません。

　職員室内で他の教職員と豊かな人間関係が築けない、子どもの保護者との信頼関係が結べないといった問題も含んでいます。

　管理職の先生や同僚の先生方、保護者と「いい人間関係」をつくることができないのです。

　次のような教師の話を聞いたことがあります。

・職員室で孤立し、学級内で発生した「問題」を誰にも相談できず、「発覚」した時には手を付けることができない状態にまで進んでいた。
・保護者と「いい関係」を築くことができず、担任不信が保護者間に広がり、思うような学級経営ができなくなった。
・管理職や同僚の先生方とのコミュニケーションがうまくとれずに、職員室内で完全に孤立している。

いずれも、「まわりを味方につける」というコミュニケーション力が不足しているために起こった残念な「事実」です。
　このように考えると、教師のコミュニケーション力不足は、深刻な問題だと言えるのではないでしょうか。コミュニケーション力の向上は、本気で取り組まなければならない問題なのです。

 誰でもコミュニケーション力は必ず身に付けられる！

　私たちは、教職というすばらしい仕事に就きました。
「こんな教師になりたい！」
「こんな子どもたちに育てたい！」
と、多くの夢と希望を持って教壇に立ったはずです。そのような夢と希望を最後まで持ち続けたいと思います。
　そして、その教師の夢と希望を実現するためのカギとなるのがコミュニケーション力なのです。
　この力は、自覚しながらトレーニングすることで、誰にでも身に付けることができるものです。「今さら…手遅れ…」ということはありません。子どもたちの明るい笑顔あふれる教室を目指して、「今から」身に付けていくべき力です。
　以下の章で、誰でも身に付けられるコミュニケーション方法を具体的に紹介していきたいと思います。

第1章

誰でも必ず上達する「話し方」の基本

1

目線を上げて話す

①…**子どもに届かない教師の声**

　廊下を歩いていると、活発に授業が行われている教室とそうではない教室があることに気づきます。

　その違いは何でしょう。何が原因なのでしょう。

　原因は複雑だと思いますが、その大きな違いの１つに「教師の目線」があります。

　沈んだ教室の教師は目線が下がっているのです。下を向いてボソボソと話をしているのです。

　当然、教師の話す声は教室全体に届いていません。子どもたちは「私に話してくれていない」「ぼくに伝えようとしてくれていない」と感じて授業に参加しなくなってしまいます。

②…**伝える第一歩は目線を上げること**

　目線を上げて話すと、伝えようという気持ちも強くなります。相手を意識するからです。

　また、明るく元気のいい声に変わります。子どもたちに伝わる声に変わるのです。表情にも明るい笑顔が出てきます。

　そうなると教師と子どもとの関係もよくなります。「きちんと聞こう」「よく聞いて理解しよう」という子どもが育ってきます。

　教師と子どもの間に程よい緊張感が生まれ、いきいきとした授業に

変わってきます。

　活発な授業が行われている教室では、教師の目線は必ず上がっているのです。

③ …教室に入る前に「目線チェック」をする

　教室に入る前に「目線を上げて子どもたちを見よう」と自分に言い聞かせることです。それを、毎時間意識します。

　顔を上げ、胸を張ることを実際にしてみるのです。

　目線を上げて話すと、子どもたちも「先生の話を聞こう」と必ず応えてくれます。

ポイント　毎時間、教室に入る前に「目線チェック」をすることで目線を上げてから、子どもたちに話をしよう！

2

短文で話す

① … ダラダラとした教師の話

　教師の話は分かりにくいとよく言われます。

「〜けれど、〜」「〜とか、〜」「〜で、〜」などと、だらだらと話を
しているからです。

　読点が多いのです。

　これらは、「とりあえず……」といった軽い感じで話し始めている
からでしょう。

　一文が長いと、何を話したいのかが聞き手である子どもたちには分
かりません。混乱するだけです。

　すると、話を聞かない子どもが育ってしまいます。

② … 一文一義で話す

「ダラダラ話」をやめる一番のポイントは、1つの文には2つ以上の
事柄を入れないということです。

　1つの文には1つの事柄のみを入れて話すということです。

　つまり、一文一義で話すとよいのです。

　このことが身に付くと、

① 　結論を先に話す

② 　事実と意見を区別して話す

③ 　まとまった話をする

といったことが容易になります。

③…句点をつけて短文で話す

短文で話すということは句点を多用するということです。

・すぐに句点
・5秒で句点

などと心に決めて話すのです。

句点の後にはわずかですが沈黙の時間ができます。この間は、聞き手の子どもの理解を助けることになります。

ポイント 意識的に読点を少なくし、すぐに句点をつけるようにして、短文をつないだ話し方をしよう！

3

応答関係を入れて話す

① …一方的に話す教師

「話せば分かるだろう」「子どもは黙って聞くものである」といった考え方からか、子どもの反応を無視して一方的に話す教師がいます。

　子どもはじっとしていますが、ほとんど聞いていない状態です。

　このような教師は、一方通行のコミュニケーションになってしまっている自分の話し方に気づいていないのでしょう。

「教師は話す人、子どもは聞く人」となってしまっては、楽しい授業はできません。

② …応答関係をつくって話す

コミュニケーションは双方向の関係であるべきです。

これはコミュニケーションの大原則です。

　話し手である教師と聞き手である子どもたちとの間に、質疑応答の関係をつくりながら話すことです。

　話の区切りのいいところで問いかけたり、先の予想をさせたりすると、教師と子どもとの言葉のキャッチボールが生まれてきます。

　応答関係のある授業を子どもは楽しいと感じるようになります。

③…**応答関係はクイズ形式から**

応答関係をつくり出す一番簡単な方法は、クイズ形式にすることです。

「先生の中学校時代にしていたスポーツは何でしょう。3択です。1番は野球、2番はサッカー、3番は剣道です。さて何番でしょう」

クイズの基本は、①問題を出す、②答えを求める、③答えを言う、④解説をする、の4段階です。

子どもたちはクイズ番組が大好きですから、必ずのってきます。

自然と言葉のキャッチボールができるようになります。教師の話も子どもの中に残りやすくなります。

 **ポイント** コミュニケーションは双方向であることを自覚し、クイズ形式など、楽しい伝え方をマスターしよう！

4

具体物を持って話す

①…言葉だけでは通じない時

　なかなか子どもたちが集中しない時があります。教室の中がざわついている時です。

　このような時に、教師が大きな声を出しても逆効果です。

「静かにしなさい」

「先生の話を聞きなさい」

と怒鳴っても、かえって子どもたちは話を聞こうとはしなくなります。

　言葉だけで伝えようとしても、そのための準備が子どもたちにできていないからです。

②…物を用意する

「今日、勉強するのはこれです」

　教師が手に何かを持ち、それを見せながら話をすると子どもたちは自然と静かに聞くようになります。

「物を見る＝話を聞く」という状態が生まれるからです。子どもたちの目が自然とその物に集中してくるのです。

「なんだろう？」と物を見ている時は、静かに聞いている時です。

3 … 謎解きをするように

「この袋の中に、先生が大切にしている物があるんだけど、何だと思う？　残念、お弁当箱です。中を見たい？　よく見てね、色が消えかかっているところが見えるかな？……」
といったように、じらしながら問いかけ、少しずつ見せながら話を進めていくことがポイントです。

　謎解きをする感じで話していきます。

　教師の話は、一方的な説明にならず、表情や身振りも出てきて自然な話し言葉になっていきます。

　何を用意すればいいのか、その授業内容と関連させて準備します。

ポイント　話を聞かせたい時には、その話に関連する具体物を準備し、その見せ方を工夫しながら話そう！

5

黒板に書いて（書きながら）話す

①…黒板を活用しない授業

　ある授業を見ました。教師が作業の手順を話し、その内容は5つの項目によく整理されていました。

　しかし、子どもたちは真剣に聞くことはできていませんでした。

　なぜでしょう？

　私が感じたのは、教師の伝え方の「まずさ」です。言葉だけで伝えようとしていたのです。

　5つある内容の3つ目あたりまでは子どもたちもよく聞いていたのですが、その後は頭の中が混乱したのか、教師から目が離れて手遊びが目立ち始めました。

　私には、なぜ黒板を活用しないのか不思議でした。

②…箇条書きで黒板にポイントを書いて話す

　もし、教師が黒板に5つの項目を箇条書きで書いていたらどうだったでしょう。

　子どもたちは教師の話だけではなく、目からも理解できるので落ち着いて最後まで話を聞くことができたでしょう。

　「集中して話が聞けなくなった」といわれる子どもが増えてきたと言われています。

　それだけに黒板に書いて話す技術は教師にとって重要です。

黒板に書いて話せるようになると、教師の話そのものも整理される
ことになるのでより分かりやすくなります。

3 …子どもの反応を見ながら話す

　板書のコツは、子どもの反応を見ながら書くということです。

　板書をする時は、教師の体を黒板に３割、子どもたちに７割向くよ
うにします。

　この状態で話をするのは難しいことですが、慣れると話すタイミン
グがつかめてきます。

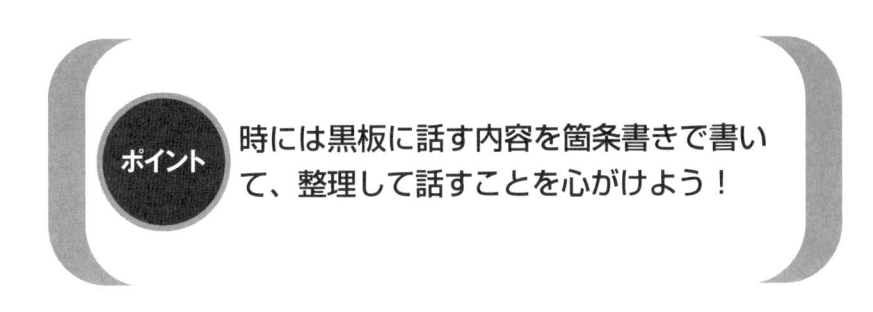

ポイント 時には黒板に話す内容を箇条書きで書い
て、整理して話すことを心がけよう！

6

動きを入れて話す

① … 教卓から動かない教師

　教卓にしがみつくようにして授業を進めている教師を時々見かけます。手元の指導案から離れることができないのでしょう。

　子どもたちは、そんな先生をぼんやりと見ているだけで、授業に参加している様子は感じられません。

　動き回るのがよいわけではありませんが、もう少し子どもに近づき、一方的な説明ではなく、互いのやり取りのある「会話」を楽しみたいものです。

② … 子どもたちの中に入って話す

　私は若い教師たちに、
「教卓の前に出て話しましょう」
「子どもたちの中に切り込むように入る場面をつくりましょう」
「もっと体も使って話しませんか？」
といったことをよく口にします。

　そうすることによって、子どもたちは「先生の話を聞こう」という姿勢になるからです。

　教師との距離が縮まると緊張感を持って聞くようになるのです。

③…身振り手振りも入れて話す

コミュニケーションにおいて、大切なのは言葉だけではありません。身振り手振りといった「非言語」で伝えることも重要です。

「直径１メートルの大玉を用意します」と言葉だけで伝えるのと、両手で空間に１メートルほどの円を描いて伝えるのとでは、子どもの理解が違ってきます。ちょっと大げさに行うと、子どもたちは喜んで話を聞いてくれます。

しぐさや動作を入れて話の「見える化」を心がけたいものです。

子どもたちの反応が目に見えて変わってきます。

ポイント いつも教卓の後ろばかりで話すことはダメ。子どもたちの中に入って、身振り手振りの非言語の効果を意識して話そう！

7

写真や絵や図表を使って話す

①…「何をどう見せるか」を考えておく

授業では、写真や絵や図表を子どもたちに見せる場面がたくさんあります。子どもたちが喜び、教師の話をよく聞く場面です。

しかし、せっかく準備したそれらを効果的に活用できているでしょうか。

黒板に貼って簡単な説明をするだけ、といった荒っぽい活用の仕方が多いのではないでしょうか。

・いつ見せるのか

・どのように見せるのか

・見せてどうするのか

この３点を考えていないような授業が気になります。

苦労して用意したそれらの資料が、十分に子どもたちの学びに活かされていないようです。

②…「子どもの理解を促すこと」を第一にする

教科書の説明を難しく感じる子どもが多いようです。抽象的な言葉だけで内容を説明しているからです。

逆に、写真や絵や図表といった資料は教科書と違って具体的です。

ですから、教科書を理解させるために活用するというスタンスが大切です。

③…見せながら話す、見せて順序よく話す

　見せ方の工夫も重要です。

　A3程度の大きさの資料は、教卓の前で見せて黒板に貼るだけでは子どもたちに理解されません。

　資料を持って子どもたちの中に入り、「何の写真か分かった人はよい姿勢をしましょう」「この絵から分かることを１つでも見つけた人は……」などと話しながら教室の中を回るといいでしょう。

　子どもたちは身を乗り出して資料を見ようとします。

　資料の活用は、「資料の説明→詳しい解説→分かったこと・感想」という流れが基本です。

　分かりやすく順序よく説明できるように心がけましょう。

 **ポイント**　資料の見せ方を工夫して、子どもをひきつけ、順序よく話すことを意識しよう！

明るく元気な声で話す

①…声の力を意識していない教師

　私は、コミュニケーション力を次のような公式にして表わすことがあります。

　　コミュニケーション力＝（内容＋声＋態度）×相手への思いやり

　この公式には、その要素の1つに「声」をあげています。とても重要だからです。

　同じことを話しても、ボソボソと話すのとハキハキと話すのとでは伝わり方はぜんぜん違います。

　声の力を意外と意識していない教師が多いようです。

　相手に伝わる声を出しているのか、常に反省したいものです。

②…声は笑顔とセットで

　明るく元気な声を出すために、一番よい方法は、笑顔で話すということです。

　子どもたちの前に立ったら、口角を少し上げて話します。笑顔になります。

　笑顔は伝染するものですから、子どもたちも笑顔になります。そうするとコミュニケーションが楽しく展開されます。

③…**母音を意識して滑舌よく話す**

　母音（あ・い・う・え・お）を意識することです。それだけで声に力が出てきます。ただ「出ている声」から、意識して伝えようとする「出す声」になります。

　教室の中での基本は「出す声」です。

　舌の動きにも意識を向けます。口形を素早く変えて話すことにもつながります。

　多少早口でも、滑舌よく話しさえすれば伝えたい内容は子どもたちに伝わります。

 **ポイント**　笑顔で明るく元気に話すのが基本。母音（あ・い・う・え・お）をはっきりさせて「出す声」で話そう！

9 ナンバリング・ラベリングを使って話す

① … 長い話は嫌われる

　子どもが一番苦痛に感じるのは、教師のダラダラと続く話です。

　頭の中にある伝えたいことを、整理していないまま教師が話す。そのような話を聞かなければならないことを子どもは嫌がるのです。

　しかし、そのような話し方をする教師は意外と多いようです。

② … 数字を使って話を整理する

　複数のことを伝える時には、冒頭に数字を示すといいでしょう。それによって話の中身を整理します。これをナンバリングといいます。

「先生が話すのは３つです。

　１つ目は、〜。

　２つ目は、〜。

　３つ目は、〜。

以上３つがポイントです」

話す数だけでなく、その順番も考えておくといいでしょう。

話す数は３つ程度がいいようです。

③ … 話に見出しをつける

　また、話に見出しをつけ、何を話すのかを聞き手の子どもに伝える

のも１つの方法です。

　話に10文字以内の見出しをつけるのです。話の予告をすることにもなります。これをラベリングといいます。

「１つ目は、○○○○ということです。

（そのことの詳しい説明）

　２つ目は、△△△△ということです。

（そのことの詳しい説明）

　・・・・・・・・・・・・・・・・・・・」

　子どもたちは、教師が今何の話をしているのかが分かり、安心して聞くことができます。

ポイント　話の最初に「番号」や「見出し」をつけて、しっかりと伝わるように整理して話そう！

10

ユーモアを入れて話す

① …よい話の条件とは？

よい話の条件とは、一般に

① 分かりやすい

② ためになる

③ ユーモアがある

の３つだと言われています。

どちらかというと、「分かりやすい話をしよう」「ためになることを話そう」といった意識が教師には強いようです。

そのことは悪いことではないのですが、もう少し子どもたちが喜ぶ楽しい話もしたいものです。

② …教師の失敗談を話す

ユーモアのある話への第一歩は、自分の失敗談を話すことです。自然と笑いのある話になっていきます。子どもたちを楽しませる「呼吸」がつかめてきます。

「先生はこんなバカなことをして小学校の時に両親から叱られました」といった "忘れられない子どもの頃の失敗談" などの話が子どもにはうけます。

③ … **エピソードを交えて話す**

教師の話は、どうしても固いものになりがちです。

「〜しなさい」「〜であるべきです」といった理屈を並べてしまいます。そのような話をした後に、自分のちょっとしたエピソードを話すのです。

「〜しなさい。先生も昔ね、……」「〜なのです。でも、先生が４年生の時、実は、……」と話を続けるのです。

そうすると、子どもがいきいきとした表情で話を聞こうとします。

そこから、ユーモアのある話に発展しやすくなります。

 **ポイント** ユーモアのある話をするために、まずは自分の失敗談を交えることからチャレンジしてみよう！

第 2 章

授業を成功させる「話し方」「聞き方」のコツ

授業開始の第一声と態度を大事にする

①… 1時間の授業もスタートで決まる

　教えたいことばかりに気持ちがいってしまうと、授業開始の第一声が弱くなります。

　はっきりとしない声でボソボソ話をしたり、元気のない態度でダラダラと指示をしたりしてしまいがちです。

　授業もスポーツや演劇等と同じです。「最初の一歩」がその1時間を左右するぐらいに大事なのです。

②… 第一声は明るく元気よく

　授業での第一声のポイントは、

　・明るい声

　・元気のいい声

　この2つです。

　これは、他者とコミュニケーションをとるすべての場合に共通していえるポイントでもあります。

　一番後ろの子どもにも目線を配って、胸を張ったよい姿勢で、全員に聞こえる声で話をします。

「先生はぼくにも話してくれている」

「この時間の先生もやる気がいっぱいだな」

「よし、自分もがんばろう」

といった気持ちに子どもたちがなるような、そんな明るく元気な第一声と態度で授業を始めることを心がけるようにします。

③…自分を見せるということ、自分が見られているということ

「内容を聞かせる」ことに教師は意識を持ちすぎているようです。もちろんそのこと自体はよいことです。

しかし、子どもたちは、その内容を伝える教師を「見ている」のです。教師は、「見られている」という自覚を持って授業に臨むべきなのです。

 **ポイント** 「見られている」ことを意識して、授業開始の第一声は明るく、元気な態度で話し始めよう！

2 リズムとテンポに 気をつける

① …メリハリのない教師の話し方

　若い教師の教室を参観させていただきました。普段は明るくさわやかな男性の教師です。

　しかし、そんなイメージとはまったく違った授業でした。

　授業にメリハリがないのです。教室の空気も重たいものでした。

　その教師の話していた言葉を書き出して、その原因が分かりました。

　話していたほとんどの文が長いのです。100字を超える文が続いていたのです。

　丁寧に説明しようとすればするほど一文が長くなっていたのです。

　だから、授業のリズムやテンポが悪くなっていたのです。

② …話し言葉の「3秒ルール」

教師は、話し言葉と書き言葉の違いを理解しておくべきです。

話し言葉はすぐに消えていきます。書き言葉との違いです。

話し言葉は、30字（音数）を超えると理解が難しくなります。

私は、次のような基準を設けて話をするべきだと考えています。

・約10字3秒（きょうのわたしのおはなしは、）

・約20字5秒（きょうのわたしのおはなしは、どうぶつのことです。）

・約30字7秒（きょうのわたしのおはなしは、どうぶつのハムスターのことです。）※句読点はそれぞれ1文字（1音）と考える。

10字3秒を基本と考えているのです。

私はそれを「3秒ルール」と呼んでいます。

40字を超える文になると、子どもの理解はガクンと下がるのです。

③ … 長さの違う文を交互に並べて話す

どちらの話が理解しやすいか比べて下さい。

A「今日は、楽しみにしていた酸素を作る勉強で、難しいですから、その実験の方法を説明するので、……」

B「今日は、楽しみにしていた酸素を作る勉強です。難しいですよ。実験の方法を説明します。……」

一文を30字以内にして、長い文、短い文を交互に並べるように話すと、話にリズムとテンポが生まれてくるのです。

ポイント 話し言葉は、書き言葉とは違う。いつも「3秒ルール」を意識して文を並べて話そう！

3

目や顔や指先でも話す

① … 伝わらない教師の話

　よく教材研究もし、資料の準備も十分しているにも関わらず、授業に子どもたちがのってこない状態が気になります。

　教師の話が子どもたちに届いていない感じです。

　教師の話は、書かれた原稿を読み上げているだけのような感じです。その先生らしさが感じられないのです。

　ですから、子どもたちの中に言葉がグイグイ入っていかないのです。

② … 非言語を活用する

　ここで、有名なメラビアンの法則というものを紹介します。

　それは、コミュニケーションにおいて、伝えるための主な要素の割合です。

　・話の内容などの言語情報は7パーセント
　・口調や話の速さなどの聴覚情報は38パーセント
　・見た目などの視覚情報は55パーセント

であるというものです。

　目や顔や指先といった非言語の割合が55パーセントもあるのです。この法則を使わない手はありません。

　言葉と一緒に意識して活用したいものです。

③⋯体の一部をプラスして話す

教師は次のように意識して実行すべきです。

・目にもモノを言わせましょう

・顔にもモノを言わせましょう

・指先にもモノを言わせましょう

意識して行うと、子どもにしっかりと伝わります。話す言葉にも力が入り、子どもたちにも伝えたいことが届きます。

 **ポイント** 言葉だけに頼らないで、非言語を意識する。目や顔や指先にも「話をさせる」つもりで話そう！

4

立ち位置を意識して話す

①…教室全体を使っていない教師

　私はよく授業をビデオに撮って、それを観ながら授業分析をしていました。教室後方に設置していたビデオで撮影したものです。

　授業の終盤になってあることに気がつきました。

　それは、「教師がずっと画面に出ている」ということです。授業時間中ずっと黒板を背にして授業を進めているのです。

　教室前方で授業をするのが基本であり当然ですが、状況に合わせながら移動して子どもたちに話を聞かせる場面があってもいいのではないかと考えます。

②…子どもに合わせて移動する

　学級の子ども一人ひとりの実態に合わせて教室内を移動します。

　声の小さい子どもがいたら、そばに寄って行って聞いてあげたり、逆に対角に離れて大きな声を意識させたりします。

「○○さんの話をもっと聞きたいから近くに行こう」

「□□君、先生のいるところまで声を届かせて。君なら大丈夫」

などと、励ましの言葉を言いながら場所を変えるのです。

　また、教室中央に行き、

「みんな先生の方に体を向けて聞いてごらん。今から……」

などと話すと、子どもたちはよく聞こうとします。集中力が十分でな

い子どもも、「何が始まるのだろう」と興味を持って聞こうとします。

③ ···教室の後方から話をする

　教室の後ろから板書の内容について話をすると、子どもたちの意識がより黒板に向き、話の聞き方が変わることが分かります。
「先生が自分を後ろから見ているはずだから、きちんと聞き取らないといけないな……」
「いつもと違って見えない後ろからだから、黒板を見ながら集中して聞かないと……」
といった意識が起きるようです。授業のまとめの時などに行うと効果的です。
　教室がキュッと締まります。

ポイント 移動しながら話すことも大切。話す位置を変えることで、子どもたちの聞く力や集中力を高めよう！

5

常に全体を意識して話す

①…見ているようで……見ていない!?

　若い頃に、ある先輩教師から、

「あなたは、話をする時に子どもを見ていない」

と厳しい口調で言われたことがあります。

　自分では目線を全体に配り、どの子も見ようとしていただけに、その言葉にショックを受けました。

　その言葉がきっかけで、話をする時の目線を意識するようになりました。

②…一文につき一人を見る

　一対多で話す場合は、「一文につき一人を見る」ということが大事です。

　コミュニケーションに関する本には、「Sの字に目線を動かしましょう」「Zの形を意識して全体を見ましょう」といった内容が多く書かれています。

　基本はそうですが、「S」や「Z」の文字を意識するだけでは学級全体を意識して話すことは難しいようです。

　目が泳いだ感じになって、「ながめている」状態に陥ってしまうからです。

　「一人ひとりを先生は見て話していますよ」と子どもたちが感じるこ

とができるように、教師は一文ごとに子ども一人ひとりと目を合わせて話すことが大切です。

③…主語を「私たち」で話す

多くの教室で教師は、
「先生は、〜と思っています」
「あなたたちが、行いたいと思っていることは〜」
と、「先生」「あなたたち」を主語に話をしています。
その主語を、「私たち」に変えます。
「私たちは、〜と思っているのですよね」
「私たちが、行いたいと思っていることは〜」
と変えるのです。
すると教室の中に、子どもたちと教師の一体感が生まれてきます。

ポイント 多人数に話す際には、一文につき一人を見ながら。主語は「先生」から「私たち」に変え、教室の一体感を高めよう！

6

指名前後に「ほめ言葉」を入れる

①…**単調な指名で進む授業**

　機械的な指名ばかりを行う授業を見かけます。

「はい、○○さん」

（○○さん発言）

「では、他に？」

「はい、□□君」

といった指名の仕方です。

　子どもは教師の問いに手を挙げて、ただ指名されて発言をする、という繰り返しによって進む授業が気になります。

　あまりにも淡々とし過ぎているからです。

②…**その子らしさを言葉にして指名する**

　子どもたちは、教師の問いかけに一生懸命に応えようとしています。

　次のような指名の仕方も取り入れたいものです。

「復習を自学ノートにしていた○○さん」

（○○さん発言）

「さすがだ。復習が生きている」

「○○さんの発表を姿勢よく、うなずきながら聞いていた□□君」

といった指名です。

　指名された本人はうれしそうな顔をします。やる気を出して、がん

ばって発言します。

　聞いている周りの子どもたちも発言者を見たり、その子どもと同じような姿勢や態度をとろうとしたりします。

③…過去の学びと今の学習態度に目を向ける

ほめる観点はいくらでもあります。

そんな中でおすすめなのは、

・その子どもの今までの学習記録とつないでほめる

・学習中の態度のよさを取り出してほめる

というものです。

プラスの言葉かけによって、あたたかい授業になります。

最近、友だちの発表を姿勢よく聞いている〇〇さん

ポイント　指名は、ほめ言葉とセットにする。今までの学びとつないだり、学習態度のよさを取り上げたりしてほめよう！

7

一問一答に
ならないようにする

① …一部の子どもだけが活躍する授業

　若い教師の授業を見ていると、

「○○さん」（○○さん発言）

「△△さん」（△△さん発言）

「□□君」（□□君発言）

……といった指名の仕方が多いことに気づかされます。

　一問一答式の授業です。

　友達の発言について考え合う授業になりませんから、どうしても授業は活発になりません。

② …「みんなはどう思う」と問い返す

　教師の全体への問い返しが必要です。

「○○さんの意見に対してみんなはどう思う？」

「△△さんの意見に賛成の人は手を挙げて」

「□□君の意見をもう一度言える人はいますか？」

といった教師の言葉です。

　教室はみんなで考える場です。全員参加になるようにしなければいけません。

　教師は、一人の子どもの発言をみんなにつなぐことを意識するべきなのです。

3 …全員が同時に活動している状態を目指す

　一部の子どもだけが学習している状態にならないようにします。

　学級の全員が学習している状態をつくり出すのです。

　一人が発言したら、

「今の○○さんの意見に賛成の人はノートに○、反対の人は×を書きなさい」

と指示するといいでしょう。

　一問一答式の授業から全員参加の授業に変わります。

ポイント　一人の発言を「みんなはどう思う？」と全員に考えさせる。ノートを活用して、発言には必ず反応させよう！

8

教え込みに
ならないようにする

① …意味のない返事の多い授業

こんな授業風景に出会うことがあります。
「できましたか？」
「はーい」
「いいですか？」
「いいでーす！」
「どうですか？」
「同じでーす！」

元気なのはいいのですが、「はーい」「いいでーす」「同じでーす」は意味のない返事です。反射的に声を出しているだけで考えてはいません。そのような子どもの反応に満足して進めていく授業は、やめるべきです。機械的な教え込みの授業になってしまうからです。

② …できていない子どもを確認する

できた人を確認するのではなく、まだできていない人を確認します。「できた人？」ではなく「まだできていない人？」と、まだ困っている子どもを探すために聞くのです。
「まだできていない人？」
「少し自信がまだない人？」
「少し意見が違う人？」

という問い方のほうがいいのです。

　このような問い方をすると、必ず一人ひとりの子どもをよく観察しようとします。表情やしぐさから学習状況を判断しようとします。

　一人ひとりを大事にした授業へと変わっていきます。

③…子どもの内側に問いかける

　指示や説明をした後に、次のように問いかけます。

「伝わりましたか？」

「伝わっていますか？」

　この問いかけをすると、子どもは自分自身の理解を確認しようとします。「どんなことだったかな……」「先生の伝えたいことは……」と考え始めます。

　落ち着いて考えようとする子どもが育ちます。

ポイント　できている子どもではなく、できていない子どもに「伝わっていますか？」と問いかけるようにしよう！

9

一緒に考える雰囲気を つくる

① … 評価の仕方を考える

　子どもが発言した後、
「正解です。がんばってよく考えたね」
「いい意見です。みんなの考えを深めてくれそうですね」
「よく手を挙げて話したね。勇気を出して立派です」
などと、その内容や態度の評価をすることはいいことです。
　でも、そればかりだと授業が単調に流れ、変化が起きません。「正解」
や「がんばること」だけが「よいこと」のような雰囲気が強くなるか
らです。
　それではどうしたらいいのでしょうか。

② … 評価を一緒に考えさせる

　教師が言いたいことを子どもに言わせると一緒に考えることができ
ます。
「○○さんの意見は素晴らしいなぁ。なぜ、先生は素晴らしいと思っ
たか分かる人いますか?」と問いかけるのです。教師がプラスの評価
としたその内容を子どもに言わせるのです。そうすると、
「理由が詳しかったからだと思います」
「友達の意見とつないだ内容の意見だったからだと思います」
「今まであまり手を挙げることがなかったのに、自分から発表したか

らです」
といった意見が子どもから出てきます。

③ …「教師から子どもへ」を「子どもから教師へ」に変える

　教師が話をして聞かせる、教師が子どもの発言等を評価する、といった教室内のコミュニケーションが普通でした。

　しかし、それを逆の順序に変えてみることで、「みんなで考える」という雰囲気が出てきます。

「先生は〜したいのだけれども、みんなはどう思うかな？」

「△△さんのスピーチから学んだことを教えてくれるかな？」

といった言葉です。コツは、教師が言いたいこと（教えたいこと）を子どもに言わせることです。

ポイント

「なぜ、先生は○○と思ったのか分かる人いますか？」などの問いかけで、子どもと会話のキャッチボールをしよう！

10

正対して再現できる聞き方をする

① …正解や結論を急ぎ過ぎる教師

　子どもの発言の受けとめ方が気になる教師がいます。

　・話をしている子どもを見ない

　・次々と指名して一人ひとりの発言を大事にしていない

といったことです。

「はやく正解を出させて次に進みたい」「予定通りに授業を進めなければいけない」といった気持ちが強いのでしょうか。

　教師が正面から子どもの発言を受け止めていないのです。

② …正対して聞く

　話をしている自分に対して、体をそむけ、目線を向けない聞き手がいたら不安になります。

　どの子の発言も、体をきちんとその子に向けて、正対して聞くべきです。目線もその子に向けます。

「先生に聞いてもらっている」

「安心して話そう」

と子どもたちが思えるような聞き方を教師はすべきです。

　教師が常に行っていると、子どもたちも発言者の方に体と目線を向けて聞こうとするようになります。

3 … **再現できる聞き方をする**

　子どもの発言内容を、「そっくりそのまま」再現できるようになりたいものです。

　すぐにはできませんが、最初は10秒程度の発言内容から始めて、少しずつ長い発言を再現できるようにしていきます。

　1分程度の長い内容を再現してみせると、先生への尊敬の気持ちが高まると同時に、そのような聞き方を子どもたちもしようと意欲的になります。

なるほど、〇〇さんはこの場合、□□が××だったから△△した方が良いと思ったのですね

ポイント　話を聞く時は、まず正対して、子どもに目線を送る。発言を「そっくりそのまま」再現できるまでになろう！

第3章

子どものやる気を引き出す「接し方」のコツ

「教師おもちゃ論」を意識して接する

①…厳格なだけでは子どもはついてこない

　昔と違って、今の子どもは厳しいだけではついてきません。厳しさに耐えられないのです。

　子どもたちに、「どんな先生が好きですか？」といったアンケートをとると、「おもしろい先生」「楽しい先生」といった回答が上位を占めます。

②…「教師おもちゃ論」を知る

「教師おもちゃ論」という言葉があります。時には、子どもの遊び相手になって「いじられる」ことも大事である、といった考え方を表す言葉のようです。

　いつでもどこでも「厳格教師」でいるのではなく、子どもからのチャチャも受け入れて、会話を楽しむことも大切であるということだと私は解釈しています。

　厳しい時と楽しい時のメリハリのある接し方が、今の子どもたちとのコミュニケーションにおいても必要であると自覚する必要性があるようです。

③ …教師が時にはボケて会話を楽しむ

メリハリをつけるために、教師がわざとボケるという方法があります。教師がボケて、子どもたちにツッコミを入れさせるのです。

休み時間などの子どもたちとの会話中に、突然、それまでの話とはまったく違ったことを話し始めたり、流行のギャグやダジャレを言ったりします。

すると、子どもたちは、「先生、何言ってるの？」「先生がおかしくなっちゃった」と笑いながら、喜んでツッコミを始めます。

その後は、「おもちゃ」になって会話を楽しみます。

厳しい時とそうでない時を子どもたちに示しておくと、子どもは教師の真面目な話を安心して聞こうとしてくれます。

 **ポイント** たまには「教師おもちゃ論」も意識して、教師がボケ、子どもたちにツッコミを入れさせて会話を楽しもう！

2
聞くことは
カウンセリングだと
自覚する

① … 話すことと同じように、聞くことを大切にする

　教師は、話すことと聞くことが仕事です。両者はどちらも大切で、切り離すことができない関係にあります。しかし、多くの教師は、聞くことの自覚が話すことの自覚よりも弱いようです。

　聞くことの効果はとても大きいのです。

　話すことと同じように、聞くことへの関心を持ち、日々の子どもへの指導を心がけたいものです。

② … Nさんの変化

　Nさんという恥ずかしがり屋の女の子がいました。仲のよい友達以外とはほとんど話さない子どもでした。

　私が話しかけても、首を振って意思表示をするだけであったり、一言返事をして後は黙っているだけであったり、といった日々が続きました。いつも不安げな表情をしていました。

　彼女はイラストを描くのが好きでした。いつも自学ノートに好きなイラストを描いていました。

　私は、休み時間や放課後の時間を使って、そのイラストを話題に彼女と話をしました。彼女が話すことをひたすら受けとめながら聞きました。

　少しずつ、彼女との会話が増えていきました。笑顔も見せるように

なり、イラスト以外のことも彼女は話してくれるようになりました。

　３か月過ぎたころから、クラスの誰とでも普通に会話を楽しむ姿を見ることができるようになりました。

③ …聞くことの効果

　心理学の分野では、コミュニケーションにはカウンセリングの効果があると言われています。話を聞いてもらうことによって、人は気持ちが落ち着くというのです。安心できるのでしょう。

　子どもの話す内容を理解することはもちろんですが、聞いて一緒に考えることの意味や価値を忘れないようにしたいものです。

　　　　ポイント　聞くことには、カウンセリング効果がある。話をしっかりと受けとめるようにして、子どもに安心感を与えよう！

3 大事なことをエピソードとセットで話す

① … **説明型の話だけでは通じない**

　教室の中では、ある情報をしっかりと伝えたり、説得して行動を促したりするための話し方が求められます。

　しかし、論理的なそれらの伝え方だけでは、子どもたちの中に残らないケースもあるようです。

　何か注意した時も、「先生の言いたいことは分かるんだけど、実際は、できそうにない……」と考える子どもが多いのです。

② … **エピソードを語る効果**

　子どもたちに話す場合、どちらの話し方がいいのでしょうか。

A「教室をいつもきれいにしておきましょう。ゴミが落ちていたら拾いましょう」

B「２年前の６年生の女の子の話です。普段はおとなしい女の子です。ある日の５時間目の始まる数分前のことです。突然、席を立って黙って教室の隅に落ちていたゴミを拾いました。そしてすぐにゴミ箱に捨てました。一言も話さず、何事もなかったように自分の席に戻ったのです。さわやかでした。みんなの教室もいつもきれいでありたいですね」

　子どもたちは全員Bだと答えます。イメージができる、自分にもできそうな気持になれる、と思えるからといったことが主な理由でし

た。

　エピソードを交えて話すと、子どもたちの中に伝えたいことが残りやすいようです。

③…語りは「描写」すること

　エピソードを語る時のキーワードは、「描写」だと思います。固有名詞や数字、色や大きさ、会話文を使うとリアルな話になります。

　また、話の中に大きな間を入れると、子どもたちは身を乗り出して聞こうとします。

　子どもたちに考えさせたい価値あることも、エピソードとセットで話すとよく理解できるようです。

ポイント　伝えたい価値あることは、それに関係するエピソードとセットで話す。話をよりリアルにするために「描写」をしよう！

4

聞かせたい時は
あえて「内緒話」をする

①…聞かせたい時は、あえて小声で話す

　日頃、子どもたちに大切なことを話して理解させようとすると、どうしても大きな声で伝えようとします。

　それ自体は悪いことではないのですが、大声を出したからといって子どもたちに伝わるとは限りません。

　教師の声が、子どもたちの頭の上を通り過ぎてしまうことが多いからです。

②…一人と小声の対話を行う

　どうしても伝えたい内容がある時に、一人の子に近づき、

「みんなには聞かれたくないんだけど……」

「ここだけの話をするよ……」

などと、秘密めいた感じで話し始めてみましょう。

　すると、他の子どもたちは、何が始まるんだろうという顔で、身を乗り出してそこで始まる対話を聞こうとします。

　最後は、

「誰にも聞かれていないよね」

と全体に聞こえる声で話すと、全員が笑顔で「聞いていたよ」と答えます。

3 …役者になったつもりで演じる

　子どもたちの注意を引くには教師の演技力が問われますが、対話する子どもの表情を見て、全体の雰囲気を感じながら話せば大丈夫です。

　子どもは、もともと楽しいことが大好きなので、自分から積極的に参加しようとします。寸劇を楽しむような気持ちで行うと、子どもたちとの距離も縮まります。

　伝えたいことが子どもたちに面白いほどよく届きます。

ここだけの話ですよ、実は…

ポイント １対１の小声の対話を行い、子どもたちに「何を話しているんだろう」と思わせることで、話を聞く雰囲気をつくろう！

5

同じものを見ながら話す

①…子どもに合わせて話す

　学級の中には、話すことが苦手な子ども、教師との関係をうまくとれない子どもも当然います。

　そのような子どもに「話すことは大事ですからがんばりましょう」「自分から積極的にコミュニケーションをとりましょう」といった直線的な指導だけをすると、ますます表現意欲をなくしてしまいます。

②…教師との位置を正面からずらす

　教師と向き合って話すことに抵抗を感じている子どももいます。

　そのような子どもとのコミュニケーションは、お互いの目線が合わない位置関係で話をすることがポイントです。

　同じものを見ながら会話をするといいのです。

　例えば、黒板やノート、掲示物を二人で見ながら会話をするのです。相手を意識しないで会話の内容だけに集中できる効果があります。

　子どもによっては、緊張しないで話ができるので喜びます。

③…最初と最後の言葉に気をつける

　そのような子どもと会話する時は、最初のきっかけをつくる時と会話を終わる時の言葉を特に気をつけます。

最初は、

「黒板を見て。……」

「このノートのここがいいじゃない。……」

と指さして会話を始めます。

　最後は、

「さすが○○さんだね。よく理解しているね。ありがとう」

「○○さんの考え方が分かってうれしかったよ」

などと、会話ができたことのお礼を伝えます。

　最初は「お願いします」で始まり、最後は「ありがとう」で終わる会話が子どもの安心と自信を育てることにつながります。

 **ポイント**　会話が苦手な子どもとは、あえて目線が合わない位置関係をつくり、最初と最後の言葉に気をつけよう！

6 2つのほめ言葉と 1つのアドバイス

① … 子どもがやる気になるコメントを

　教師のコメント力が落ちているように感じます。

　たとえば子どものスピーチの後のコメントが、次へのやる気につながるものになっていないのです。

「とてもよかったですよ」「がんばりましたね」といった、単なる感想レベルで終わっているのです。

　子どもたちが前向きになるコメントを教師は述べるべきです。

② … よいところ2つアドバイス1つ

　コメントの原則は、2つのほめ言葉と1つのアドバイスです。

　具体的には次のようになります。

　人前で話すことが苦手なＴ君がスピーチをしました。「夏休みの思い出」というテーマでした。

　彼は、田舎のおじいちゃんとの会話、川遊びをしたこと、お墓参りをした時のお父さんの言葉を、2分間にまとめて一生懸命話しました。

　聞いていた子どもたちに感想を言わせた後、

「感動しました。Ｔ君のスピーチのいいところを2つ話しますね。

　1つ目は、内容です。3つの出来事を整理して分かりやすく話していました。会話文が多くてその時の様子がよく分かりました。

　2つ目は、話し方です。姿勢がよかったですね。下半身がどっしり

としていて、上半身はゆったりとしていました。安心して聞くことができました。

　最後にアドバイスを1つ。それは、話すスピードです。少し早口になってしまったところがありました。そこがなくなると100点満点になりますね。

　次のスピーチも期待しています。ありがとう」

③ …安心と自信をキーワードにする

　2つのほめ言葉と1つのアドバイスによって、子どもたちには「やってよかった」「自分にもできるんだ」「次はもっとよくするぞ」といった気持ちにさせたいものです。子どもたちに「安心」と「自信」を持たせるコメントを心がけましょう。

ポイント　コメントは、2つのほめ言葉と1つのアドバイスが原則。それが「安心」と「自信」を与える内容かどうかを考えよう！

7

ほめ言葉を前もって決めておく

①…ほめる余裕がない教師

ほめる力が教師にも求められています。

ほめて育てることの価値が見直されています。

ところが、子どものマイナス面が気になり、ほめることが極端に少ない学級もあるようです。

そのような学級の教師には、余裕がないように感じられます。

②…ほめる言葉を前もって決めておく

ほめることが苦手な教師は、前もってほめ言葉を決めておくことを勧めます。

例えば、

「今日は体育があるから、運動は苦手だけれど頑張り屋さんの○○さんには、『克己心があるね』とほめよう」

「真面目に漢字練習に取り組む□□君には、『一心不乱に取り組んでいたね』という言葉を入れてほめよう」

というように、贈りたい言葉を考えておくのです。

この方法は、教師がその子どもに対してプラスの見方ができるようになるというメリットもあります。

3 ⋯ **四字熟語を効果的に使う**

先の例のように、ほめ言葉は四字熟語を使うといいでしょう。

子どもたちは喜びます。

急に偉くなった感じがするのだそうです。

教師がほめることで、子どもの中で自信がふくらんできます。

 **ポイント** 子どもの動きをイメージしてほめ言葉を用意する。四字熟語を効果的に活用して子どもに自信を与えよう！

8

ほめることから
子どもに接する

① … 観察力をつけることが大切

　若い教師に、「最近のＡさんの表情が気になるんだけど、先生はどう思っている？」と聞くと、「えっ、いつもは明るい女の子ですけど……」といった、全体的な印象しか返ってこないことが多くあります。

　子どもの細部を見ていないのです。

　教師は子どもを観察する目をもっと養うべきです。

　そして、子どもをほめるための観察力を磨くべきです。

② … 「長所発見接し型タイプ」になって子どもを観察する

　教師には二通りのタイプがあります。「長所発見接し型タイプ」と「短所発見接し型タイプ」です。

　もちろん「長所発見接し型タイプ」のほうがいいです。

　このタイプの教師は、子どもとコミュニケーションをとるのがとても上手です。

③ … まず、よいところをほめる

「長所発見接し型タイプ」の教師になるためのポイントは、声をかける時の最初の言葉を「ほめ言葉」にするように意識することです。

「その髪型似合っているね。……」
「今日の国語の時間の発表はよかったよ。……」
といったほめ言葉を最初に口にするのです。

　目についたこと、たった今あったことを「ほめ言葉」にして口にするのです。

　そのために、子どもを見る観察力を鍛える必要があります。

「ほめ言葉」から始まるその後のコミュニケーションは、子どもも心を開いて必ず楽しいものになります。

 **ポイント**　「長所発見接し型タイプ」になって子どもに近づき、会話は「ほめ言葉」から始めよう！

9

拍手で盛り上げ
教室の空気を温める

①…拍手のある教室をつくる

　多くの授業を参観して驚くことがあります。

　それは、ほとんどの教室で、授業中に拍手が起きる場面が一度もないことです。

　盛り上がりも一体感も感じられない、静かで冷たい時間が過ぎるだけなのです。

　友だちの素敵な発言や行為に対してのリアクションがないのです。

　これでは、せっかく勇気を出して行動した子も不安になってしまいます。

　1時間にせめて3回は拍手が起きる教室をめざしたいものです。

②…拍手はほめ言葉とセットにする

　拍手は、ほめ言葉とセットにするといいでしょう。

「〇〇さんの意見が素晴らしい！　理由がよく考えられていました。みんなで拍手をおくりましょう」

「□□君の動きはみんなのお手本です。大きな拍手を！」

と、教師が明るく元気よくほめながら拍手を促すのです。

　そうすると少しずつ教室の中の空気も温まってきます。

　日頃から子どもたちをほめる目で見ていると、拍手できる場面がたくさんあることに気付くはずです。ほめることは教師の仕事でもあり

ます。

　ほめられた子も、それを聞いていた子どもたちも笑顔になってきます。

③…よい拍手のお手本を示す

　子どもたちの見本になるように、パラパラとした乾いた拍手ではなく、本気の拍手を教師が上機嫌でしてみせましょう。

　拍手は、「強く、細かく、元気よく」が基本です。

　時々、「指の骨が折れるぐらいの拍手をしましょう」とユーモアあふれる言い方をすると、子どもたちは楽しく参加してきます。

ポイント　子どもの素敵な行為や発言を見逃さず、ユーモアを交えながら拍手を促すことで、教室の空気を温めよう！

10 お願い系の話し方をマスターする

1 … 命令系の話し方をする教師

　子どもへの話し方が、「命令系」になってしまう教師が意外とたくさんいます。

「○○を持ってきなさい」

「○○を早くしなさい」

といった言葉を連発してしまう教師が多いようです。

　これでは子どもとのコミュニケーションは冷たいものになってしまいます。

2 … お願い系の話し方をする

　お願い系の話し方をすると、「ありがとう」の言葉がセットになって出てきます。

「A君、○○を持ってきてほしいんだけど、持ってきてくれるかな？」

（A君が持ってくる）

「A君、ありがとう」

　この「ありがとう」という言葉が自然と出てくるのです。

　ところが、命令系の話し方をすると、

「A（呼び捨て）、○○を持ってきなさい」

（A君が持ってくる）

「……。（無言で受け取る）」

この場合、「ありがとう」の言葉は出てきません。

③…「ありがとう」があふれる話し方をする

子どもたちに「教室にあふれさせたい言葉は何ですか?」とアンケートをとると、必ずトップにくるのは「ありがとう」です。教師もそう答えることが多いでしょう。

その一番あふれさせたい言葉が、セットになって出てくる話し方をしたいものです。

そのために、教師がまず子どもに対してお願い系の話し方をマスターしましょう。

ポイント 命令系をやめて、「ありがとう」の言葉がセットで出てくるお願い系の話し方をマスターしよう!

第 4 章

子どもを
グングン成長させる
「質問」の技術

1

質問することで
子どもを育てる

1 …質問力を正しく理解する

質問という言葉に対して、
「質問は分からない人がするもの」
「質問することは恥ずかしいこと」
といったマイナスイメージを持っている教師も多いようです。
「質問する側はされる側よりも下だ」と思っているようです。
はたしてそうでしょうか。
私はそうとは思っていません。

2 …質問する側に主導権がある

質問することで相手を自分の思う方向に導くことができるのです。
つまり、主導権は質問する側が持っているのです。
「音読すると理解が深まると思わない？」
（理解が進むということに気づかせる）
「ノートに丁寧に書くと勉強ができるようになると思う？」
（ノートを丁寧に書くようにさせたい）
といったように、教師が考える望ましい方向に気づかせる力が質問に
はあるのです。
　質問は分からないことがある場合にするだけのものでも、恥ずかし
いことでもないのです。

質問は、相手を動かすことができるものであり、コミュニケーションをとる上でも大切なものなのです。

③…少し長めの質問をする

　相手を動かす質問は、質問文を少し長めにすることがポイントです。
　教師が考える望ましい考え方や行動内容を入れて、質問するということです。
「誰とでも対話ができるようになると自信が持てると思う？」
「自分から行動すると友達関係もよくなると考えていいかな？」
といった少し長めの文にするといいのです。
　教師は子どもを導く役割があります。質問力を鍛えることはその役割を果たすためにも大切なことです。

**ポイント**　少し長めの質問によって、子どもに望ましい考え方や行動のあり方に気づかせ、導いていこう！

2 選択肢の設定で子どもを成長する方向に導く

①…子どもに考えさせない教師

　教師はとかくストレートに言いたいことを口にします。
「〜しなさい」
「〜はダメです」
といった話し方をしてしまうことがよくあります。
　このように一方的に話しても、子どもたちの心にはあまりひびきません。効果は薄いと言わざるを得ません。

②…選択肢を示して考えさせる

　子どもに考えさせる教師の話し方の１つに、選択肢を示すというやり方があります。
　例えば、運動会の練習を頑張らせたいのであれば、
「今から運動会の練習を２週間します。この２週間をみんなはどのように過ごしたいですか。
　Ａ…自分の全力を発揮して大きく成長する
　Ｂ…ダラダラ練習して先生から叱られる
　このＡとＢのどちらの２週間にしたいですか？」
といった選択肢を話の中に入れて示し、子どもたちに考えさせるのです。
　当然ながら多くの子どもはＡを選びます。

そして、実際の２週間の練習は全力を発揮してがんばろうとします。

3 … 選択肢の項目は極端な内容にする

　選択肢を出して考えさせ、行動化させるポイントは、極端な内容の項目を対比して示すということです。

　Ａ…みんなから尊敬される上級生

　Ｂ…下級生からも相手にされない上級生

といった内容の示し方をするのです。

　子どもを成長させるための教師の話し方として必要な技術です。

ポイント 選択肢の項目は、極端な内容を対比する形で与え、子どもを望ましい方向に導くようにしよう！

3

教師が言いたいことを子どもに言わせる

❶…**教師の説教が長いと効果は薄い**

学級で気になることがよくあります。例えば、

・掃除をさぼる子どもがいた

・おしゃべりがなかなかなくならない

などです。

教師のお説教が始まります。延々と続きます。

子どもは黙って聞いていますが、その効果はほとんどありません。

❷…**「なぜ、先生は○○と言ったのでしょう?」と問う**

　子どもたちの気になる行為があった時は、教師が言いたいことを我慢して、その内容を子どもたちに言わせるようにします。

　掃除をさぼっている子どもたちがいた場合、まず、

「掃除を止めなさい」

と、はっきりと話します。

　真面目にしている子どもも、そうでない子どもも教師の方を見ます。

　それを確認して、全員に対して、

「まだ掃除時間中です。なのに、なぜ、先生は掃除を止めなさいと言ったのか分かる人いますか?」

と続けて問います。

　子どもたちはハッとした顔をして、理由を考え始めます。

「真面目に掃除をしていない人がいたから」
「無駄話が多くて、真剣さが足りない人がいたから」
などと、教師が言いたいことを子どもたちが言い始めます。
　さぼっていた子どもたちの表情が変わります。
　教師が「真面目に掃除をしろ！」というよりも効果は高いのです。

③ ···子どもに考えさせる

　教師が言いたいことを子どもに言わせる話し方をすべきです。例えば、次のような言葉です。
「今日の運動会の練習で気になったことはありませんか？」
「３時間目に行った集会で何か言いたいことはありませんか？」
　子どもたちに言わせた後の練習や集会はガラリと変わります。

ポイント

説教をする時は、子どもに「なぜ、先生は、○○と言ったのでしょう？」などと問い、子どもに考えさせよう！

4

子どもの発言を具体的にさせる

①…抽象的な発言内容で進む授業

　子どもの発言内容は、多くは抽象的なものです。
「その時に気になったことは？」
「乱暴な言葉です」
「○○さんはどうしていましたか？」
「がんばってしていました」
といった内容です。

　本人なりには具体的なイメージがあるのでしょうが、聞いている他の子どもには分かりません。それぞれが勝手に解釈しているだけです。

②…「例えば？」と間髪入れずに問いかける

　子どもの発言内容が抽象的な内容であった時は、すぐに「例えば？」と問い返します。ハッキリとスパッと聞くのです。

　次のようになります。
「いじめとは、乱暴な言葉を使うことです」
「例えば？」
「……例えば、死ねとか、バカとかという言葉です」

　この時のポイントは、間髪入れずに「例えば？」と問うということです。そうすると、子どももパッと答えます。教師の問いかけの勢いに呼応するかのように答えます。

③…具体的な発言をさせるために

具体的に話そうとすると人は考えます。大人も子どもも同じです。
「数字を入れて答えなさい」
「体験を詳しく話しなさい」
「見たままを話すのです」
といった指導を繰り返し行います。そうすると、次第に具体的な発言
ができるようになり、周りの子どもの話の聞き方もよくなります。理
解が容易にできるような話の内容になるからです。

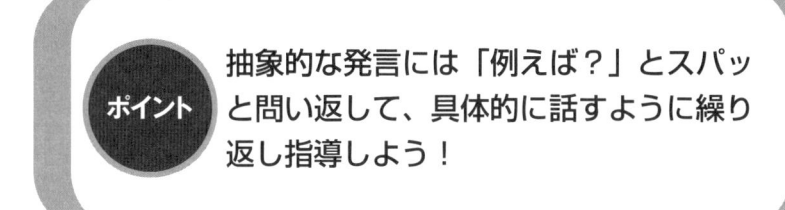

ポイント　抽象的な発言には「例えば？」とスパッと問い返して、具体的に話すように繰り返し指導しよう！

5 子どもの言葉の先取りや代弁をしない

① …「やさしさ」の間違い

　教師からの問いかけに黙っている子どもに対して、
「～ということでいい？」「～と思っていたのでしょう？」
などと、教師が「やさしく」声をかけている場面をよく見かけます。
　これでは子どものコミュニケーション力は育ちません。

② …「次は誰が話をする番ですか？」と問う

　コミュニケーションには、守るべきルールに「順番」があります。
　子どもにこのルールを守らせるべきです。黙っていることは、よくないことであると教えることが大切です。
「次は誰が話をする番ですか？」
と問いかけ、その後に、
「今は、あなたが答える番です」
「次は、あなたが意見を話す番です」
と、毅然とした態度で教師は話をするのです。子どもの多くはそれに応えようとします。
　そのような話をしても、なかなか話せない子どももいます。そのような子どもの場合は、
「先生は、君なら必ず話せると信じているよ」
「先生は、あなたが答えられると思っているから聞いているんだよ」

などの言葉かけをします。

　子どもを信じて、笑顔で優しい口調で話します。

③…子どもを伸ばす「やさしさ」を持つ

　子どものコミュニケーション力が伸びない大きな原因は、教師や周りの大人が子どもに言わすべきことを代弁しているからであるとも言われています。

　そのような行為は子どもを伸ばさないのです。

　子どもにもルールを守らせ、考える力を育てる本当のやさしさを教師は持つべきでしょう。

 **ポイント** コミュニケーションには「順番」があることを教え、子どもの言葉を「代弁」せず、はげましと期待の言葉をかけよう！

6

子どものためになる
質問力を鍛える

① … 自分のための質問をする教師

　教師は、どうしても「自分のための質問」を子どもにしがちです。
　例えば子どもを叱る時に、
「なぜ、そうしたの？」
「どうして、あそこで言わなかったの？」
といった「〜のために聞きだそう」とする質問が多いのです。
　もちろん、それらがいつも悪いというわけではないのですが、このような「教師のための質問」ばかりだと、子どもは育たないのではないでしょうか。

② … 「一緒に考えよう」というスタンスで

　子どもを叱る場面でも、「一緒に考えよう」というスタンスで質問をしたいものです。
「あんなことをして、辛かったんじゃないの？」
「そんな状態の時を友達はどんなふうに受け止めているのだろうね？」
といった質問をすると、子どもの中に「気づき」が生まれてきます。
　子ども自身が考えていなかったことを考えるきっかけを与えることにもなります。
　相手である「子どものための質問」です。

③…子どものための質問

「教師のための質問」は、事実関係で終始していることが多いようです。そこには新たな発見はあまりありません。

「子どものための質問」は、「これでいいんだろうか？」「自分がすべきことは何だろうか？」と自分の失敗や問題の解決策を探したり、取るべき行動を決めたりすることにつながります。

　子どもが自分で自分を育てようとし始めます。

 **ポイント**　「教師のための質問」から「子どものための質問」に変え、子どもの「気づき」を引き出そう！

7 未来に夢を持たせる質問をする

①…過去の事実ばかりを聞き出そうとする教師

　教師の小言は、どうしても過去のことを責める内容になってしまいます。過去の事実を掘り返すのです。
「あの時もそうでしたね……」
「いつも同じ失敗ですよね……」
といった言葉をよく口にしてしまいます。
　過去は変わらないのです。そこばかりを責められると、子どもといえども元気はなくなります。

②…未来質問と仮定質問

　教師は、未来質問と仮定質問をするべきです。
「これを続けたら1か月後はどんな自分になっていると思う？」
「やっているね。1学期の終わりには、みんながどんな感想を持つだろう？」
と、少し先のことを予想させるのが未来質問です。
「もし、人の話をよく聞けるようになったら何が変わると思う？」
「もし、自分で考えて自分から行動していたら結果はどう変わっていただろう？」
と、マイナス行為ではなくプラス行為を行っていたらどうだったかを聞く質問が仮定質問です。

③ … 未来に目を向けさせる

　子どもの顔が、パッと明るく輝くような質問をしたいものです。未来質問も仮定質問もそのような力を持っています。

　未来に夢を抱かせる質問なのです。

　子どもに質問をする前に、「この質問で子どもは未来に目を向けることができるのか？」と考えて、この質問力を身に付けたいものです。

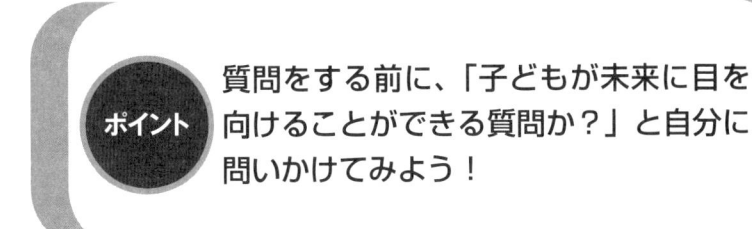

ポイント 質問をする前に、「子どもが未来に目を向けることができる質問か？」と自分に問いかけてみよう！

子どもが自ら
考え始める質問

①…子どもに「考えさせない」生徒指導

「先生が言っていることが分かるの？」

「いつも言っているでしょ。何を考えているの？」

　生徒指導の場面での教師の言葉は、多くの場合このような詰問調になっています。

　これでは子どもは自分から考えようとしません。

「嵐」が過ぎていくのを待っているだけです。

②…教師の質問は子どもに考えさせるものにする

　生徒指導の時に、次のような質問を子どもたちにしたらどうでしょうか？

「モデル（お手本）にしたい友達（人）は、誰ですか？」

「今の自分に必要なものは何ですか？」

「足りていることと、足りていないことは何ですか？」

「相手にとっては、どうですか？」

「先生に、どんな行動を起こして欲しいですか？」

「今、何パーセントくらいできていますか？」

　きっと子どもたちは、これらの教師の質問で、自分のことを自分から考え始めることでしょう。

　このような質問は、子どもに自分を考えさせ、子ども自らの力で行

動や考え方を変えさせる力を持っています。

③…**今の自分を子ども自身に見つめさせる**

　一方的に子どもを責めるのではなく、子ども自身に今の自分をありのままに理解させることが大切です。

　今の自分に、不足しているものと必要なもの、相手との関係、取り組むことと自分との関係などを、ありのままに知ることができるような問いかけをしたいものです。

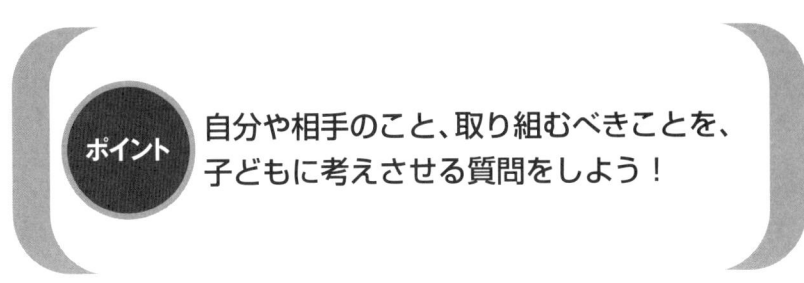

ポイント　自分や相手のこと、取り組むべきことを、子どもに考えさせる質問をしよう！

9

自己肯定感を
高める毎朝の質問

① … 否定から始まる教室

　朝から「否定」で始まる学級があります。

「朝からぼんやりしている人がいます。……」

「宿題を忘れた人がいます。……」

　このような、元気が出なくなる言葉を平気で口にしている教師がいます。これでは楽しくありません。

　このような後ろ向きの話からは、よい学級はできません。

② … 前向きの質問から始める

　朝は、次のような質問を子どもたちにしてみましょう。

「今日一日楽しく過ごすためには、どのようにすればいいだろう？」

「今の自分を高めるためには、何をすればよいのだろうか？」

「今の自分には、楽しいことは何があるのだろうか？」

　このような前向きの質問をするのです。毎日です。

　朝のスタートでこうした言葉かけをすることによって、その日一日を教師も子どもも前向きに過ごすことができるようになります。

③ … 質問で行動化を促す

　朝一番に、わくわくしてくるような質問を投げかけると、その日一

日が何となく楽しく身軽でわくわく、うきうきした気分で前向きに過ごすことができます。

　ポイントは、行動に変化が見られるようになるまで続けることです。

　朝の子どもや教室の空気が落ち込んでいても、このような質問を習慣化させることによって必ず回復していきます。

　子どもたちの自己肯定感が高まってくるのです。

ポイント 朝は、前向きな質問から始めることで行動させ、変化が出てくるまで継続することで習慣化させよう！

10

質問後に教師の思いを伝える

1 … フォローがない教師

　教師が質問をして子どもがそれに答えたら、そこで教師と子どもの会話が終わってしまうケースを見ることがあります。

　とても残念に思います。冷たく感じるのです。

　子どもが答えた後のフォローが十分ではないと思うのです。

2 … 教師の思いを語ることが大切

　教師は子どもに自分の思いをもっと語るべきです。

　例えば、自分勝手な行いをよくする子どもに対しては、次のように語りたいものです。

「今の自分で人の役に立つことは何があるだろうか？」
「人の嫌がるバカという言葉遣いをやめる」
「そうだね。そんな気持ち、考えを持てるあなたはすばらしいよ。先生はね、君にいい言葉遣いをしてほしいんだ。どうしてか分かる？あなた自身が成長するからだよ。どんな成長ができると思う？　先生はね、友達といつも笑顔で楽しくしている君になってくれることを、ずっと楽しみに待っているんだ。だから、……」

　子どもの精一杯の言葉に、あたたかいフォローをしたいものです。その内容は、教師のその子の成長を願う思いでありたいものです。

 **3** … **子どもに内省を促す語り**

　ここでの教師の語りは、子どもの内省を促すものがいいです。

　子どもに自分のことを考えさせながら、目を見ながらゆっくりと語りたいものです。

　教師の考え方を丁寧に伝えるのです。子どもとの関係がより確かなものに変わります。理解し合うことにつながるからです。

ポイント　子どもが話したことへのフォローを大事にして、内省を促すように、目を見ながらゆっくりと語ろう！

第 5 章

対話あふれる
クラスをつくる
「言葉」の技術

1

授業開始の教師の言葉

1 …授業開始から集中させる

　授業開始から、全員を集中させる言葉を端的に話します。
　授業に集中させるドキッとするような言葉で話します。

2 …子どもを授業に集中させる言葉例

　授業開始と同時に、子どもたちを授業にパッと集中させる時に使う
言葉の例です。
① 「見える所まで出て来なさい。（問い）分かった人から戻りなさい」
　　・写真等の資料を黒板に貼り、全員を前に移動させて見せた後に
　　　話します。早く席に戻りたいので集中して資料を見ます。
② 「読める人は、最高の姿勢をします」
　　・黒板にその時間のキーワードを書いた後に、指さしながら問い
　　　かけます。読むだけですから全員の姿勢が美しくなります。
③ 「○○さん、あなたの姿勢と表情がいい」
　　・授業開始時の姿勢や、やる気のある表情の子どもを見つけて言
　　　います。全員がその子どものマネをしようとします。教室がピ
　　　リッとします。
④ 「もう、書いているでしょうね？」
　　・黒板にめあてを書いている時などに、途中まで書いて突然子ど
　　　もたちの方を振り向いて使います。ぼんやりしていた子どもも

びっくりしてすぐにノートに書き始めます。

⑤「友達の作文を読みます」

　・授業開始と同時に学習に関係する子どもの作文を読み始めます。名前を伏せて読みます。「誰のだろう？」と子どもたちは興味を持って聞きます。

3 …子どもの「次」の動きを予測しておく

　ポイントは、話した後、子どもたちの「次」の動きを予測しておくということです。

　この言葉で、「子どもたちをこう動かす、このような状態にする」と前もってイメージしておくのです。

ポイント 授業開始の一言で全員の子どもを集中させる。その際、話して聞かせた後の子どもの動きを予測しておこう！

2 子どもの「話す力」を育てる教師の言葉

①…美しい姿勢と声で話をさせる

　美しい日本語を話すことができる子どもに育てたいものです。

　そのために、姿勢や声を毎日の学習の中で鍛えます。できたことをほめて自信に結びつけることがポイントです。

②…美しい姿勢と声で話す力を育てる言葉例

　しっかりとした姿勢、ちょうどよい大きさの声で話をさせたい時に使う言葉の例です。ちょっとした言葉かけですが、効果は大きいものがあります。

① 「右手の中指の先を天井に突き刺して」

　　・ビシッとした挙手をさせる時に使います。教師がやって見せて、簡単な問題を出して全員にさせるといいでしょう。

② 「ハキハキと美しい日本語で」

　　・指名した後、子どもが立って話し始める前に言います。この一言で子どもははっきりとした発音で話し始めます。

③ 「これが寄り掛かる〈机に手をついた状態〉。これが気をつけ」

　　・気をつけの姿勢をさせる時です。机に手をかけて立つ子どもへの指導です。教師が両方をして見せて、よい姿勢を意識させます。

④ 「君は誰に話しているの？」

・子どもは発表時は何も言わなければ前を向いて話をします。聞き手である友達を意識していません。この言葉で聞き手に向いて発表するようになります。

⑤「音読の声で話しなさい」

・声の小さい子どもへの指導です。発表前にこの言葉を話します。音読の声は普通に話す声よりも大きいので、「ちょうどよい大きさの声」で発表をしようと意識します。

③ … 授業の最初に指導する

これらの言葉を話して指導するのは、授業の開始辺りがいいようです。その時間の声や挙手や姿勢が見違えるほどよくなります。

すぐに身に付くことではないので、繰り返し指導します。

 子どもの姿勢や声の大きさは、教師がモデル（お手本）を示しながら授業の始めに繰り返し指導しよう！

3

子どもの「聞く力」を育てる教師の言葉

①…集中して話を聞かせる

「話は1回で聞きなさい」と子どもたちに話して意識させます。

　集中して話を聞き合える学級は、知的な学習が展開されています。学び合うことができるからです。

②…聞く力を育てる言葉例

　話を聞く心構え、内容の聞き取り、話し手との人間関係づくりなどの指導目的をはっきりと持って子どもに言葉をかけるようにします。

① 「心の芯をビシッとさせて聞きなさい」

　　・ざわついた教室の空気をピリッとしたものに変え、話をきちんと聞かせたい時に使います。

② 「君たちは○○君を仲間だと思っていないのか？」

　　・友達の話を聞いていない子どもへの指導です。友達という言葉に敏感に反応する高学年に特に有効です。

③ 「後で質問（感想）してもらいます。話を聞くことと質問（感想）はセットです」

　　・まとまった話を聞かせる前に、この言葉を伝えておきます。質問や感想を考えながら聴こうとする子どもが育ってきます。

④ 「○○さんは3つのことを話しました。言える人？」

　　・友達の発表の後に全員に聞きます。1回目は手を挙げる子ども

の数は少ないですが、何度か行うと増えます。注意して内容を聞き取ろうという子どもが出てきます。

⑤「『ある、ある』と反応しなさい」

　・発表者の話す内容に反応させる時の言葉です。うなずきを入れながらさせます。教室の中がにぎやかに元気になります。

③ …聞いた「次」を意識させる

　聞くことの指導が、態度面の躾で終わらないようにしたいものです。

　聞いたら質問、聞いたら感想発表をする、といった「次」を意識した聞き方の指導をします。

ポイント　人の話は１回で聞くことを原則に指導する。「聞いた後」の活動を意識させて話を聞かせよう！

4 子どもの「書く力」を育てる教師の言葉

① …何をどう書くのかはっきりと伝える

　子どもたちに作文を書かせる時は、指示をはっきりさせます。何について、どのように、どれだけ書くのかをきちんと伝えるということです。教師のそれらの言葉が安心感を生み出します。

② …書く力を育てる言葉例

　子どもたちが書き始める前に指示します。書く作業が始まってしまうと、指示が通らないからです。

　毎時間、書く活動を取り入れ、以下の言葉などを状況に応じて個別にも話しかけます。

① 「書けたら『書けました』と言いましょう」

・ノートに書かせる時に話すことです。子どもに「書けました」と言わせるようにすると、遅い子どももスピードをアップさせようとします。

② 「箇条書きでたくさん書きます」

・気づいたことや理由を書かせる時などに使います。子どもは数を競うように、たくさん書こうとします。

③ 「〇か×かズバリと書きなさい」

・発問や友達の意見に対して、賛成か反対かの立場を決めさせる時などに使います。原則として全員に書くように伝えます。

④「まず、量です。質は後でいいのです」

・箇条書きで書かせる時に使います。質を気にして鉛筆が動かない子どもに大きな効果を発揮します。

⑤「書かないと後の話し合いでは相手になりません」

・ノートは話し合いの作戦基地です。たくさん書いておかないと後の話し合いは薄っぺらいものになってしまいます。

③…「見える化」で話す力も伸びる

書かせることで話す内容の精度を上げることができます。書くことで話す内容が「見える化」されて、修正がしやすいというメリットがあるからです。書く力がつくと話す力も伸びてきます。

ポイント　書かせる時は、特に指示をはっきりさせる。何を、どのように、どれだけ書くのかを示そう！

5

子どもの「読む力」を
育てる教師の言葉

①…音読の力は話す力にも通じる

　音読は、話す力の土台にも通じています。教師はそのことも考えた
上で音読の指導を行います。

②…読む力を育てる言葉例

　私の学級では、「声でその人の実力が分かる」という言葉を子ども
もよく口にします。しっかりとした声の必要性も話して聞かせます。
　キーワードを示して音読練習に取り組ませます。
①「眼球を動かしなさい」
　　・読むことの苦手な子どもは、一文字ずつを目で追っています。
　　　読むスピードも当然遅くなります。この言葉で、声を出して読
　　　んでいるところよりも少し前を見始めます。
②「はっきりと、そして、すらすらと」
　　・一人で音読させる時に使います。はっきり、すらすらと、とい
　　　う音読の基本を教えます。
③「最後の一人になっても声を落としません」
　　・全員を起立させ、読み終わった子どもから座らせる場合などで、
　　　最後の方になると急に声が小さくなる子どもがいます。この言
　　　葉で、最後の一人になっても声が落ちない子どもにします。
④「この言葉の意味は？　辞書を引かないから知っていると思った」

・読んでいる文の中の言葉の意味を突然聞きます。子どもたちの
　　　　中には意味が分からなくても読めればいいと考えている子ども
　　　　がいます。この言葉でハッとして辞書を引くようになります。
⑤「いい声だ。君らしい読み方だ」
　　　・その子なりの読み方をほめる時に使います。その子なりに一生
　　　　懸命に頑張っている音読をほめるのです。

③…**音読指導のポイント**

　読み方だけを話しても限界があります。教師がやって見せ、声の調
子や間、速さなどのモデル（お手本）を示すのです。「合格」の基準
を示すことが大切です。

　また、日常の発表やスピーチの上達と関連させて説明すると、子ど
もはそれらを自覚して意欲的に練習するようになります。

 音読は、必ず教師がお手本を見せ、「合格」の基準と、キーワードを示して練習させよう！

6 ペア学習を成功させる 教師の言葉

① … ペア学習は子ども任せにしない

　隣同士で話し合う活動を授業の中によく取り入れます。その活動を子ども任せにしていてはいけません。話し合いが成立しないからです。次のような教師の言葉かけが必要です。

② … ペア学習を成功させる指導の言葉

　相手を大切にし合う関係をつくることや対話内容を豊かにするための言葉かけです。最初のうちは、毎回言い続けます。

① 「『お願いします』『ありがとうございました』と言います」
　　・ペアになったら必ず言う言葉として約束させます。この言葉があるのとないのとではペアの対話内容が大きく変わります。

② 「パッと向かい合いなさい」
　　・高学年になれば、隣同士で向き合うことにも抵抗を示す子どもがいます。誰とでもパッと向き合えるようにさせたいものです。

③ 「傾聴しなさい。そっくりそのまま話せるようにしなさい」
　　・ペアで行う対話活動の前に言います。ただなんとなく聞くのではなく傾聴させ、聞いたことをそっくりそのまま話せるような聞き方をさせるのです。

④ 「意味の含有量（話の密度）を増やしなさい」
　　・ペアでの対話内容のレベルを上げさせることを目指して話しま

す。対話から不必要な「えー」といった言葉や沈黙の時間がなくなります。

⑥「コメント、質問、リアクション。対話の3拍子」

　・聞く時の合い言葉です。教師は常にこの言葉を繰り返し話します。学級の中で、この3つを全員が「普通」に行えるようになるまで話し続けます。聞き方が積極的になります。

③…人間関係づくりの第一歩とする

　ペア学習で行う対話活動は、人間関係づくりでもあります。

　ですから、そのことを意識した言葉かけになります。

　誰とでも言葉のキャッチボールができるような子どもを育てようと強く思いながら話します。

ポイント 　具体的な「言葉のキャッチボール」の仕方を教え、クラスの人間関係をよくしよう！

7 グループ学習を成功させる教師の言葉

① … 話し合い活動では協力し合うことを促す

　話し合いでは協力することを教えます。意見を言い合うことも大切ですが、それよりも協力し合うことを教えます。そうすることによって意見の量が増え、質も上がってきます。

② … 話し合い活動を成功させる言葉かけ例

　グループの全員が、積極的に話し合いに参加できるようにするための言葉かけです。

①「10秒以内で机を移動させます」
　　・ダラダラと机を動かしてグループにしていたのでは、よい話し合いも望めません。素早く話し合いに入るようにさせます。必要があれば練習させます。

②「秘密会議にしなさい」
　　・子どもたちの声をコントロールします。この言葉を言うことによって、ざわついた感じがなくなります。お互いに身を乗り出して話し合いをしようとします。

③「よい話し合いができるチームは笑顔です」
　　・成功する話し合いのキーワードの１つが「笑顔」です。笑顔のグループを取り上げて、そのことを子どもたちに伝えます。

④「フォローしなさい。つなぎなさい」

・友達の不十分な発言に対しては、お互いが補い合ったり関連付けてふくらましたりさせます。その時に使うと効果的です。

⑤「『いいねぇ、いいねぇ』を合言葉にしなさい」

・どんな意見に対しても否定しないということを教える言葉です。その意見の内容や、それを話した前向きな態度などを認め合うようにさせるための言葉です。どのグループからもこの合言葉が出てくるようにします。

③ …話し合うことの価値を常に話す

「大人は協力し合わないと仕事ができません」と子どもに話し続けます。大人は協力して仕事をしている、話し合うことは大人になればなるほど重要です、と話し続けることもとても重要です。

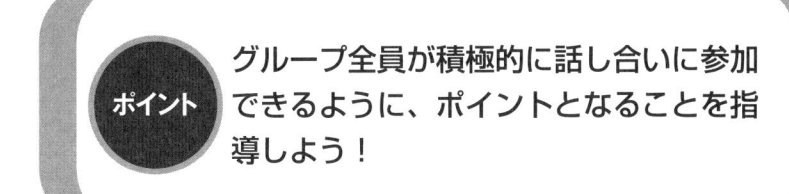

ポイント グループ全員が積極的に話し合いに参加できるように、ポイントとなることを指導しよう！

8

子どもをほめる
教師の言葉

❶…ほめ言葉をすぐに口にできる教師に

　子どもは、ほめることで成長します。そう考えると、教師のほめ言葉は重要です。常に子どものよさに目を向け、それをほめ言葉にして伝えることができるようになりましょう。

❷…ほめることで全員の「心の温度」を上げる

　子どもをほめることで、その子だけではなく全員の「心の温度」を上げます。言葉だけではなく、書いたり動かしたりする動作とセットにしてほめると印象が強く残ります。

① 「○○さんの聞き方がいい。ここに名前を書いておこう」
　　・授業中の生徒指導です。頑張っている子どもの行為をほめて、黒板の隅にその子どもの名前と行為を書きます。多くの子どもがその行為をマネします。

② 「すばらしい。拍手の用意。もう一度発表して。拍手！」
　　・よい発言等をした子どもに、みんなで拍手をしてほめます。拍手の用意をさせて、再度発言させて話し終わったら拍手をします。教師も話しながら子どもたちと一緒にします。

③ 「○○さんの……な話し方がいい。全員ノートにそう書きなさい」
　　・このようにほめられた子どもは、みんながノートに書いている間、とてもうれしそうにしています。印象に残るほめ方です。

④「○○君とハイタッチ」

　　・動きをともなったほめ方です。教室の温度も上がります。この
　　　言葉を言いながら、教師がその子どもとハイタッチをします。

⑤「それいいなぁ。先生、好きだなぁ」

　　・私がよく使うほめ言葉の１つです。「Ｉ（アイ）メッセージ」
　　　です。つぶやくように話すと子どもの心に残るようです。

③ …一人をほめて全員を伸ばす

「その子」をほめるのですが、そのほめることによって他の子どもた
ちも伸ばす、ということを考えておくことも大切です。一人をほめる
ことで学級全体を変えるということも意識しましょう。

 **ポイント** 学級全員にもよさを伝えるつもりで、一人の行為を「ほめ言葉＋α（板書や拍手など）」で紹介しよう！

9 子どもの間違いを活かす教師の言葉

① …子どもから誤答が出たらチャンスだと思おう

「ピンチはチャンス」という言葉があります。子どもが間違えた時がそのチャンスの時です。そんな時のために、自分のキャラに合ったいくつかのフォロー言葉を持っておくといいでしょう。

② …失敗感を持たせない

　子どもに失敗感を持たせないようにします。「間違えてもいいんだ」という気持ちになるようにさせなければいけません。
①「ビデオを巻き戻そう」
　　・ユーモアのある言葉です。話した後に、本人も明らかに間違いに気づいた時などに使います。ビデオを発表前に巻き戻すようなしぐさをして、再度指名して正解を話させます。
②「○○さん、少しインタビューをさせてほしい……」
　　・間違えた子どもとインタビュー形式で対話をし、正解に気づかせるやり方です。全員にそのやり取りを聞かせます。
③「……さっ、ということで！」
　　・笑顔で子どもの失敗をサッと「流す」方法です。教師のパフォーマンスが問われます。間違えた子どもも聞いていた子どもも全員が笑顔になります。
④「○○君のおかげで学べた。何を学んだのかノートにみっちり書き

なさい」

　・一人の間違いをみんなの学びに変える時に使います。間違えた
　　友達のおかげで何を学んだのか、この言葉を使うことによって、
　　全員で学び合う学習を目指すことができます。

⑤「大丈夫。友達が助けてくれるから」

　・失敗を極端におそれる子どももいます。そのような子どもにこ
　　の言葉を使います。「○○さんを助けてくれる人？」と子ども
　　たちに聞くと必ず手を挙げてくれる子どもがいるはずです。

3 … **安心感のある学級に**

「この時間は、どの子にも失敗感を持たせない」といった強い気持ち
を持って授業に臨むべきです。そういった学級経営的な授業のねらい
を持ち、子どもへのフォロー言葉を大切にします。

> **ポイント**　子どもが間違えた時は、それが伸びるチャンスだと考え、フォロー言葉で子どもに失敗感を与えないようにしよう！

10 授業終末の教師の言葉

① …学習を深くふり返る子どもを育てる

　頑張った子どもへの感謝とともに、学習を深くふり返ることができるような言葉かけをします。そこにはちょっとした言い方の工夫があるようです。

② …感想はどんなことを書けばいいのか方向を示す

　いつも「感想を書きましょう」では同じような内容しか出てきません。深くふり返ることができるような言葉かけをします。
① 「今日は○○さんのおかげでいい勉強ができた。ありがとう」
　　・その時間で頑張った子どもに感謝の言葉を言います。本人と学級全員に向けて素直に「ありがとう」と言葉にします。
② 「キーワード３つで感想を書きなさい」
　　・学習のまとめの時に使います。「感想を書きなさい」とだけ言うよりも、まとめの内容の質は高くなります。慣れないうちは、３つの言葉を指定して書かせます。
③ 「なぜうまくいったのか書きましょう」
　　・活動後のふり返りで使う言葉です。子どもたちはその時間の活動を具体的にふり返ります。
④ 「次にもっとよくするためのアイデアを書きましょう」
　　・③と同じです。これも活動後のふり返りで使います。「アイデア」

という言葉が子どもは好きです。この言葉に反応して、自分の
学びのスタイルを意識するようになります。

⑤「鉛筆の音だけにして感想を書きなさい」

　・まとめの感想等を書かせる時に話す言葉です。「鉛筆の音だけ
　にして」という言葉を言うと、集中して書こうとします。5分
　間でノート1ページ近く書く子どもが出てきます。

③ …落ち着いた雰囲気で話す

　最後の感想を書かせる時は、急がせないでゆっくりと考えさせます。
そのために、教師は落ち着いた声ではっきりと伝えます。

　最初に子どもたちをほめて、その後にどんな感想を書けばいいのか
を話します。

ポイント　感想は、その内容や書き方を示して、落ち着いて書けるような指示の出し方をしよう！

第6章

同僚・保護者との コミュニケーション

同僚との
コミュニケーションの基本

①…孤立する教師が増えている

　職員室で孤立する教師がいます。

　同僚とコミュニケーションをとろうとしない教師です。

　話しかけても、「そうですね」「がんばっています」といった返事しか返ってきません。

　会話が「次」につながらない教師が増えてきたように思えます。

②…質問することから始める

　コミュニケーションは、「話す」「聞く」の２つを軸としています。孤立する教師には、同僚との間で間違いなくこの２つが不足しています。あるいはまったくなくなっています。

　このような教師にならないために、どうしたらいいのでしょうか。

　よい方法は、「教えを乞う」ことです。つまり、質問をするということです。

「詳しいことが分からないので教えてもらえませんか」

「うまくいかないこともあると思うので、その時はよろしくね」

といって、自分から近づいていくのです。

　人は「教える」ことが大好きです。自己重要感が満たされて、いい気持ちになれるからでしょう。この心理を最大限活用するのです。

　双方向のコミュニケーションがなければ、職員室は苦痛の場となっ

てしまいます。

　関係を変えるためには、質問することから始めるといいのです。

3 …素直に「ありがとうございます」と言う

　孤立する教師の多くは、ほめられても、

「いや、私なんてどうってことないですよ」

「別に大したことじゃありません」

などと口にします。謙遜することはいいのですが、そのような言葉ばかりを返していると、双方向のコミュニケーションになりません。

　人間関係をシャットアウトしているように受け取られることが多いのです。

　まずは、素直に「ありがとうございます」と言うのが正しい反応です。「おかげさまで……」などと続けて、相手への気配りを示して関係を大切にするべきです。

ポイント 自分から質問をして、「教える」「教えられる」という双方向のコミュニケーションの関係をつくろう！

2

「報・連・相」の基本

❶…状況が悪化する原因

　生徒指導関係や保護者関係の小さな問題が、大きなトラブルに発展するケースがあります。

　その原因の多くは、教師の「報告・連絡・相談」のなさや遅れです。「きちんと報告がされていたら……」「もう少し早めに連絡があれば……」といった事態を招かないようにしなければいけません。

❷…「報・連・相」の原則を守る

　「報・連・相」の原則は、次の２点です。

原則１…正確に、確実に！

　５Ｗ１Ｈを使って具体的に伝えます。

　「誰が」「いつ」「どこで」「何を」「どのように」「なぜ」の５Ｗ１Ｈを伝えます。具体性が命です。

原則２…タイミングよく！

　ＴＰＯ（相手の状況）に応じて行います。

　ＴＰＯ＝「時」「場所」「目的」を考えて行います。つまり、相手との関係を考えなければいけないのです。自分の都合で行うことはやめるべきです。

　また、悪い情報ほど早く伝えることです。これがなかなかできません。「今さら……どうしよう……」などと考えていたら、ますます事

態は悪くなります。

「報・連・相」は、組織の全員が楽しく過ごすためにも必要なことです。

③…合い言葉は「けちするな」

次のような合言葉を意識するといいでしょう。

け……結果から先に
ち……中間報告も
す……すばやく
る……（相手が）留守の時はメモで
な……内容は事実に即して

「報・連・相」の力がつくと、信頼されるだけではなく、逆によい情報が自分にも入ってくるといったメリットが確実に増してきます。

ポイント 悪い情報ほど早めの「報・連・相」が重要。「報・連・相」は、「けちするな」を合言葉に徹底させよう！

3

会議での発言と
提案の仕方

① … 沈黙と対立、意味不明の提案ばかりの会議

　会議で発言をしない若い教師が増えています。

　会議でやたら反対意見ばかりを述べる若い教師がいます。

　会議で何を言いたいのか分からない提案をしてしまう若い教師がいます。

　このような、会議に対して無関心な態度や、生産性のない参加の態度が気になります。

　組織の一員としては失格です。

② … 自分の意見を持って参加する

　職員会議も授業と同じです。前もっての準備が重要です。
そのために、

　　・資料には必ず目を通しておく

　　・提案に対して自分の立場＝意見を持っておく

ことが大切です。「参加者」としての最低限の守るべきルールです。

　若いうちは、「会議では必ず自分の意見を言おう」といった強い気持ちで会議に臨むぐらいでいたいものです。

　しかしながら、会議は対立の場ではありません。どちらの意見が優れているのかを競うような場ではないのです。

　立場の違う意見を出し合う中から、お互いが納得する新しい意見を

導き出す話し合いの場です。

　やみくもに反対意見を出すだけではいけません。

　反対意見を出すのであれば、「代案」を提案するのが原則です。

③…問題解決につながる提案を

　提案は問題解決につながるものでなければいけません。

　その原則は、

　・現状の問題分析→計画→実行するメリット

です。この３つの要素が含まれていなければ、いい提案だとは言えないでしょう。

　ポイントは、文書に具体的な数字を示しながら説明することです。

ポイント　会議の提案には、「現状の問題分析」「問題を解決する計画」「計画実行のメリット」の３つの要素を取り入れよう！

4

保護者との
コミュニケーションの鉄則

①…保護者との関係を避けたがる教師

保護者との関係を避ける教師が気になります。

「保護者会がある……。気が進まないなぁ……」

「今日、あの保護者が来るなぁ……。何だかなぁ……」

といった言葉をよく耳にするのです。

保護者との関係が上手くいっていなければ、子どもとの関係もいいものにはなりません。

②…話の内容よりも、話す「言葉」を変えてみる

何を話せばいいのかと悩むよりも、まずは話す「言葉」を変えてみてはどうでしょうか。

保護者との会話を明るいムードに変える「言葉」を使うのです。

○相手の名前

人にとって、自分の名前ほど響きのいい言葉はありません。

「おはようございます。田中さん」

「お世話になっています。鈴木さん」

というように、必ず保護者の名前を呼ぶのです。

PTAの役員をされている保護者には、

「田中会長さん、こちらでお願いします」

「鈴木委員さん、わざわざありがとうございます」

というように、肩書きプラス名前で呼ぶといいでしょう。

ちょっとしたことですが、会話の雰囲気は明るいものに変わります。

○**相手に関わる質問**

自分の関心ではなく、相手の関心を中心にします。保護者の関心は、間違いなく我が子のことです。

「○○さんの最近の家での様子はどうですか？」

「□□君は、野球の練習をがんばっているのでしょうね？」

というように、子どものことを話題にして尋ねるのです。保護者は喜んで話をしてくれるでしょう。

③…子どものよさを最初に話す

もし子どもの気になることを伝える場合には、「最初にその子のことをほめて、その後に気になることを話す」ということが鉄則です。

最初によいことを話すと、保護者はその後の「本当に」伝えたいことにも耳を傾けてくれます。

> **ポイント** 子どものよいところを先に、気になることはその後に話し、常に保護者との関係や会話を明るくする言葉を使おう！

5

クレームへの
うまい対処法

① … クレーマーに悩む教師

　クレーマー関連のトラブルが増加しています。

　以前は問題にもならなかったようなことを、大騒ぎする保護者が増えてきました。

　原因はいろいろあると思いますが、それによって悩む教師が多いのは残念ながら事実です。

　これからの教師も、クレームへの対処法を身に付けなければいけない時代になりました。

② … まずは、話を聞くことからスタート

　まずは、保護者の話を聞くことが大切です。

　激しい口調で話される場合などは辛いことですが、相手が落ち着いて話し合いの場に着くまでは辛抱して聞いている姿勢を見せるべきでしょう。

　ある程度の時間がたてば必ず落ち着き始めます。

③ … 記憶に頼らず記録を取る

　「言った」「言わない」といった論争を回避したいものです。

　無駄な反復をなくしたいものです。

そのために、徹底した記録をします。例えば、
「放課後４時20分に保護者に電話」
「５時15分、保護者は３人で伺うことを納得」
というように、細かな時間までもメモするようにします。
　メモがあると落ち着いて対応できるようになります。

④…笑顔で対応することが大切

　相手の剣幕にあわてないで、伝えるべきことを笑顔で話すようにします。相手に合わせないことです。
　険しい顔であれば穏やかな表情で、大声であれば落ち着いた声で対応しようと心がけるのです。
　一番の被害者が子どもにならないように、「大人」の対応を示し続けることが大切です。

ポイント　相手に合わせないで、どうすることが子どものためになるかを考えて「大人」の対応をしよう！

おわりに

教室の学ぶ空気や雰囲気は、教師のコミュニケーション力で決まる。
これは、まぎれもない事実です。全国の教室を回っての私の実感でもあります。

教師がコミュニケーション力を身に付けると、授業の分かりやすさや子どもたちの関係性は驚くほどよくなります。教室の空気がガラリと変わるといってもいいでしょう。コミュニケーション力は、それほど大切な、教師が身に付けるべき指導力の1つなのです。

私の飛込授業を参観された先生方が、次のようなことをよく口にされます。

- 先生の話し方が、リズムとテンポを生み出していますね。子どもがどんどん集中していったことがよく分かりました。
- 「気になる子」への声かけが絶妙でした。教師の言葉かけのタイミングは重要ですね。
- 時折、笑顔を誘い出すユーモアあふれる話し方が参考になりました。
- 先生の子どもの発言の受けとめかたが温かかったです。教室の中に安心感が広がっていました。

飛込授業という特別なケースだからということもあると思いますが、私自身が学び続けているコミュニケーション力を評価していただいての言葉だと受けとめ、素直に喜んでいます。教師のコミュニケーション力が、子どもを伸ばし、学級を育てることを改めて強く実感しているのです。

10年以上の時を経て、新装版として本書が発刊できたことを心から感謝しています。本書が、少しでも多くの教師のみなさんのお役に立てるなら幸いです。

菊池省三

著者プロフィール

菊池　省三（きくち しょうぞう）

愛媛県出身。

「ほめ言葉のシャワー」「価値語」「成長ノート」などの現代の学校現場に即した独自の実践により、コミュニケーション力あふれる教育をめざしてきた。教員同士の学びの場「菊池道場」を主宰し、その支部は全国約60か所に広がり大きなうねりとなっている。

文部科学省「『熟議』に基づく教育政策形成の在り方に関する懇談会」委員、兵庫県西脇市教育アンバサダーなどを歴任。

2012年7月、NHK人気番組「プロフェッショナル　仕事の流儀」で取り上げられたことをきっかけに全国へ講演。テレビ東京「たけしのニッポンのミカタ」、日本テレビ「NEWS　ZERO」「世界一受けたい授業」などにも出演し大きな反響を得ている。

菊池省三オフィシャルサイト　http://www.kikuchi-shozo.net

主な著書
- 『菊池先生のことばシャワーの奇跡』（講談社）
- 『菊池省三流　奇跡の学級づくり』（小学館）
- 『日本初！小学生が作ったコミュニケーション大事典　復刻版』（中村堂）
- 『ほめ言葉手帳』（明治図書）
- 『菊池流　このひと言で子どもが動く！言いかえフレーズ』（学陽書房）

ほか多数。

本書は『授業がうまい教師のすごいコミュニケーション術』（2012年）に一部修正・加筆し、新装版として出版したものです。

新装版
授業がうまい教師の
すごいコミュニケーション術

2012年 3 月22日　初版発行
2024年10月16日　新装版　初版発行

著　者　菊池省三

発行者　佐久間重嘉

発行所　学 陽 書 房

〒102-0072　東京都千代田区飯田橋1-9-3
営業部／電話　03-3261-1111　FAX　03-5211-3300
編集部／電話　03-3261-1112　FAX　03-5211-3301
http://www.gakuyo.co.jp/

本文デザイン　佐藤　博
カバーデザイン　能勢明日香
イラスト　岩田雅美
DTP制作　越海辰夫
印刷　加藤文明社　　製本　東京美術紙工